AF360234

UN
ENTR'ACTE DE RABAGAS

A-PROPOS

Représenté pour la première fois, à Paris, sur le Théâtre des Variétés,
le 14 avril 1872.

Clichy. — Imprimerie PAUL DUPONT et Cⁱᵉ, rue du Bac-d'Asnières, 12.

UN ENTR'ACTE

DE RABAGAS

A-PROPOS EN UN ACTE

MÊLÉ DE CHANT

PAR

EUGÈNE GRANGÉ ET VICTOR BERNARD

PARIS

MICHEL LÉVY FRÈRES, ÉDITEURS

RUE AUBER, 3, PLACE DE L'OPÉRA

LIBRAIRIE NOUVELLE

BOULEVARD DES ITALIENS, 15, AU COIN DE LA RUE DE GRAMMONT.

1872

PERSONNAGES

TARTARIN...	MM.	HITTEMANS.
CHAPOLARD, chemisier.....................		C. BLONDELET.
TOURTEAU, son commis.................,..		LANJALLAY.
AUGUSTE, garçon du restaurant américain...		DANIEL BAC.
UN INSPECTEUR............................		DUVAL.
Mme CHAPOLARD..........................	Mmes	PAULINE LYON.
ANNETTE jeune ouvrière...................		DÉSIRÉE.
GRENADINE...............................		A. REGNAULT.
FLORA....................................		BESSY.
CITRONETTE..............................		SCHEWSKA.

Spectateurs des deux sexes, garçons de restaurant.

Toutes les indications sont prises de la gauche et de la droite du spectateur Les personnages sont inscrits en tête des scènes, dans l'ordre qu'ils occupent au théâtre. — Les changements de position sont indiqués par des renvois au bas des pages.

UN
ENTR'ACTE DE RABAGAS

Le théâtre représente un petit salon du grand café-restaurant américain Peters, attenant au théâtre du Vaudeville. — Table au milieu, chaises. — Un canapé à gauche. — Porte d'entrée au fond. — Console au fond, à gauche. — Cheminée au fond, à droite. — Un piano à droite, premier plan, adossé au mur.

SCÈNE PREMIÈRE

AUGUSTE, étendu sur le canapé et lisant un journal.

« Les représentations de *Rabagas* sont toujours très-orageuses. » Sifflets et applaudissements dans les deux camps opposés. » Hier, au second acte, on a même échangé quelques coups » de poing... » (S'interrompant et se levant.) En v'là un succès !... On se cogne dans la salle et, dans les entr'actes, on entre se rafraîchir chez Peters... Nous sommes les pompiers de la situation.

SCÈNE II

TARTARIN, AUGUSTE.

TARTARIN, entrant.

Mille noms de nom !... Pas de chance ! Impossible d'avoir le moindre strapontin ! (Appelant.) Garçon !

AUGUSTE.

Monsieur ?

TARTARIN.

Appelle-moi citoyen !... et sers-moi une absinthe.

AUGUSTE.

Une absinthe ?

TARTARIN.

Verte.

AUGUSTE.

Monsieur attend du monde pour dîner ?

TARTARIN.

Non.

AUGUSTE.

Alors, pardon, monsieur...

TARTARIN, avec colère.

Citoyen !...

AUGUSTE.

Pardon, citoyen, on ne s'absinthe pas dans les cabinets... descendez au café.

TARTARIN.

Pas d'observations !... et une absinthe vivement, esclave !...

AUGUSTE, effrayé, à part.

Esclave ! C'est un libéral !... Ne l'agaçons pas ! (Haut.) Voilà ! voilà !

Il sort.

TARTARIN, remontant et criant.

Verte ! (Revenant et s'asseyant.) Cristi ! On joue *Rabagas* et je ne suis pas là !... Que va dire le comité qui m'a choisi pour mandataire ?...

AUGUSTE, rentrant avec un plateau sur lequel est l'absinthe et une carafe.

L'absinthe demandée ! (Posant le plateau sur la table.) Monsieur veut-il que je la lui trempe ?

TARTARIN, se levant.

De l'eau !... fi donc !... C'est bon pour les arriérés !... (Il avale le verre d'un trait.) Voilà comme ça se prend, Ganymède !

AUGUSTE, riant.

Ah ! ah ! vous n'êtes pas pour la fusion, vous ?

TARTARIN.

Moi, fusionniste ? Jamais !... Je suis d'une nuance plus foncée.

AUGUSTE, à part.

Écrevisse bordelaise ! Je m'en doutais !

TARTARIN, se levant.

Tu as devant toi un délégué du comité des purs de Fouilly-les-Gifles.

AUGUSTE.

Fouilly-les-Gifles ?

TARTARIN.

Nous avons appris là-bas, par un de nos organes, que le théâtre du Vaudeville jouait une pièce contraire à nos principes.

Il se découvre.

AUGUSTE.

Rabagas!... une pièce superbe !

TARTARIN.

Hein?

AUGUSTE.

Pour les entr'actes... comme consommation.

TARTARIN.

Alors, les amis m'ont dit : « Tartarin ! » C'est mon nom : Coclès Tartarin. (Reprenant.) « Tartarin, tu es un pur, un solide... A toi la gloire d'aplatir l'hydre de la réaction ! » Et le comité m'a remis ceci.

Il montre un énorme sifflet.

AUGUSTE.

Un sifflet?...

TARTARIN.

D'honneur... acheté par souscription.

AUGUSTE.

Pristi!... il est de taille... C'est pas un sifflet, c'est une clarinette.

TARTARIN.

AIR : *A quat' pour un sou, les Anglais.*

Afin de remplir c' mandat impératif,
  Aussitôt je me mis en route :
Siffler *Rabagas* était mon objectif,
  J'voulais entrer coûte que coûte.
  Mais en vain je fus au bureau :
En fait de fauteuils, je n' trouvai que zéro;
  Pas moyen d'avoir un billet...
  Et ça me coupe le sifflet!

Se rasseyant et donnant un coup de poing sur la table.

Pas même un tabouret!... Quelle déveine !

AUGUSTE.

Eh! doucement! prenez garde, aux cristaux, citoyen!

TARTARIN.

Oh! les cristaux... Voyons, tu n'as pas un moyen, toi, Jocrisse, de me faire voir la pièce?

AUGUSTE.

Attendez... il y en a peut-être un.

TARTARIN.

Assieds-toi. (Auguste s'assied en face de lui.) Tu as un billet?

AUGUSTE.

Non, mais j'ai un truc.

TARTARIN.

Un truc?

AUGUSTE.

Pour vous faire entrer dans la salle.

TARTARIN.

C'est tout ce que je demande.

AUGUSTE.

Et vous payerez ça?

TARTARIN.

Au poids de l'or!... (Tirant un billet.) Cette coupure de cinq francs Réussis... et elle est à toi! (Auguste avance la main.) Réussis d'abord!

AUGUSTE.

Cinq francs de pourboire?... ça me va!

TARTARIN.

Et ce truc? Voyons.

AUGUSTE.

Notre établissement communique avec le vestibule du théâtre... Nous servons des rafraîchissements dans les entr'actes.

TARTARIN.

Eh bien! après?

AUGUSTE.

En mettant un tablier, et un plateau à la main, vous passeriez devant le contrôle comme garçon...

TARTARIN, se levant.

Garçon de café!... servant de l'aristocratie!... jamais!

AUGUSTE, se levant.

Et une fois entré, songez-y donc! vous trouveriez bien à vous caser dans un coin.

TARTARIN.

Au fait, c'est une idée... (A part). Le sacrifice!

AUGUSTE, lui donnant un tablier et une serviette qu'il prend sur la console.

Tenez! ce tablier devant vous, cette serviette sous votre bras...

TARTARIN, à part.

O honte! ô humiliation!

AUGUSTE.

Arrangez-vous!... je vas chercher le plateau.

Il sort et emporte l'absinthe.

TARTARIN, seul, regardant la serviette.

Revêtir les insignes de la servitude... me déguiser en vil mercenaire... moi, un pur, un solide! tu l'as voulu, comité... et le résultat, tu le vois... un garçon de café!... (Se décidant.) Enfin, c'est dans l'intérêt de la cause... (Il s'attache le tablier autour du corps et met la serviette sous son bras, puis va s'asseoir devant la cheminée, et parcourt un journal.)

SCÈNE III

ANNETTE, CHAPOLARD, TARTARIN.

CHAPOLARD, paraissant au fond avec Annette.

Par ici, ravissante poulette...

ANNETTE.

Mais où me conduisez-vous donc?

CHAPOLARD.

Venez toujours... (Entrant et appelant.) Garçon!....

Il fait asseoir Annette sur le canapé.

TARTARIN, à lui-même.

Oh! je ne souffrirai pas qu'on touche aux immortels principes...

CHAPOLARD.

Garçon!... eh bien! est-ce que vous êtes sourd? (Très-fort.) Garçon!..

TARTARIN.

Hein? (Haut et se levant.) C'est à moi que vous parlez?

CHAPOLARD.

Sans doute... Mettez deux couverts.

ANNETTE, à part.

Comment ?

TARTARIN.

Deux couverts ?...

CHAPOLARD.

Et donnez-moi la carte... pour que j'écrive mon menu.

ANNETTE, étonnée, à part.

Le menu ?

TARTARIN, à part.

Un sybarite moderne !... Plus souvent que je vas le servir!

CHAPOLARD, avec impatience.

Ah çà ! voyons, bougerez-vous enfin ?

ANNETTE, à Chapolard.

Ne vous fâchez pas.

CHAPOLARD, à Tartarin.

La carte !... allons donc !... la carte !...

TARTARIN, à part.

Obéissons! dans l'intérêt de la cause ! (La prenant sur la cheminée et lui tendant d'un air dédaigneux.) Voilà!

CHAPOLARD, s'asseyant près de la table.

C'est heureux !...

Il écrit son menu.

TARTARIN, à part, regardant Chapolard.

Mine de conservateur ! Bourgeois de la décadence!

CHAPOLARD, écrivant.

Potage à la reine. — Filet à la Chambord. — Cardons maître d'hôtel.

TARTARIN, à part.

Le trône et l'autel !... il est de l'extrême droite!

SCÈNE IV

LES MÊMES, AUGUSTE *.

AUGUSTE, revenant avec un plateau qu'il donne à Tartarin.

Voici le.. (Voyant Chapolard et Annette.) Des consommateurs ! (S'approchant.) Que faut-il servir à monsieur?

* Annette, Chapolard, Auguste, Tartarin.

CHAPOLARD.

Ah ! un autre garçon !... j'aime mieux ça.

TARTARIN, à part.

Moi aussi.

CHAPOLARD, se levant, et remettant à Auguste le menu qu'il vient d'écrire.

Tenez... Servez-nous vite... je suis pressé.

AUGUSTE.

Tout de suite, monsieur. (Bas à Tartarin.) Venez, je vas vous n-troduire.

TARTARIN, à part, d'un air menaçant.

A nous deux, M. Rabagas!

Tartarin et Auguste sortent.

SCÈNE V

ANNETTE, CHAPOLARD.

CHAPOLARD, se frottant les mains.

Nous voilà seuls.

ANNETTE, d'un air étonné, se levant.

Nous allons donc rester·ici ?

CHAPOLARD

Certainement.

ANNETTE.

Mais vous m'aviez dit que vous me meniez au Vaudeville.

CHAPOLARD.

Au Vaudeville?... Eh bien ! nous y sommes, au Vaudeville...
Ce restaurant est une annexe du théâtre.

ANNETTE.

Pourtant, monsieur Chapolard...

CHAPOLARD.

Ernest !... appelez-moi M. Ernest... à cause des garçons...
Comme commerçant, comme chemisier, je tiens à l'incognito.

ANNETTE.

Monsieur Ernest, je veux bien... mais enfin *Rabagas*...

CHAPOLARD.

Rabagas, nous le verrons plus tard... Commençons par dîner.

ANNETTE.

Dîner !

CHAPOLARD.

Ça vous contrarie?...

ANNETTE.

Dame ! écoutez donc...

AIR : des *Chevaliers de la Table ronde.* (HERVÉ.)

Le plaisir n'est pas aussi grand ;
A m' divertir quand je m' dispose,
Vous m' conduisez au restaurant...
C'est pas tout à fait la mêm' chose.

CHAPOLARD.

Bah ! n'est-c' pas toujours un régal ?
Mes discours sauront, sans obstacle,
Vous amuser...

ANNETTE.

Ah ! c'est égal,
J'aimerais mieux être au spectacle. (*Bis.*)

CHAPOLARD, à part.

Elle est d'une naïveté ! (Haut.) Voyons, donnez-moi votre chapeau.

ANNETTE, le lui remettant.

Après dîner, nous irons au théâtre ?

CHAPOLARD.

C'est convenu !... (Au public en lui désignant Annette, qui va s'asseoir.) Très-gentille... un peu grue, mais très-gentille !... c'est une naïve paquerette que j'ai cueillie à l'atelier.. une jeune ouvrière en chemises... Je lui ai offert de la conduire au spectacle... elle a accepté sans défiance... alors, j'ai conté une bourde à ma femme... ce matin, j'ai loué un fauteuil d'orchestre, et je lui ai dit que j'allais voir *Rabagas...*

ANNETTE.

Dites donc, on ne nous sert pas ! nous serons en retard !

CHAPOLARD.

Patience... on va venir ! (Au public.) Mais comme madame

Chapolard ne manquera pas de me demander des détails, j'ai
donné mon fauteuil à Tourteau, un de mes commis, en lui
enjoignant de me conter la pièce... Quelle rouerie !

Il va mettre le chapeau d'Annette sur le piano.

SCÈNE VI

LES MÊMES, AUGUSTE, avec plusieurs plats.

AUGUSTE.

Potage et filet aux truffes. (Il les pose sur la table.)

ANNETTE.

Ah !

AUGUSTE, mettant aussi une bouteille sur la table.

Léoville, 62 !

CHAPOLARD, s'asseyant à la table.

C'est bien !... quand j'aurai besoin de vous, je sonnerai...
Laissez-nous, garçon !

Il sert le potage.

AUGUSTE.

Compris ! monsieur peut être tranquille... je tousse toujours avant d'entrer.

ANNETTE, naïvement.

Vous êtes enrhumé ?...

AUGUSTE.

A l'occasion... et c'est les clients qui payent le jujube.

Violent coup de sonnette en dehors.

ANNETTE, avec un cri.

Ah ! j'ai eu peur !...

AUGUSTE.

C'est la sonnette de l'entr'acte... (En sortant.) Voilà !.. voilà !...

Il disparaît.

ANNETTE.

L'entr'acte !... Ah ! mon Dieu ! dépêchons-nous!

1.

CHAPOLARD.

Allons, jolie poulette, approchez-vous...

ANNETTE.

Mangeons vite !

CHAPOLARD.

Tout près... tout près...

ANNETTE, se rapprochant un peu.

Mais je vas vous gèner !...

CHAPOLARD.

Me gêner... au contraire. (A part.) Quelle innocence !... (Haut.)
Allons, mangeons, festoyons !.. et pour commencer...

Il se penche vers elle pour l'embrasser.

ANNETTE.

Quoi donc? que voulez-vous ?...

CHAPOLARD.

Un simple petit bécot... ça met en appétit...

ANNETTE, se levant et s'éloignant.

M'embrasser !... Oh! non...

CHAPOLARD, la poursuivant.

Mais si... mais si...

Il va pour l'embrasser. — On frappe à la porte.

ANNETTE.

On frappe...

CHAPOLARD, contrarié.

Allons, bien... Qui est-ce qui vient nous déranger?

Il se rassied, ainsi qu'Annette.

SCÈNE VII

LES MÊMES, TOURTEAU.

TOURTEAU*, entrebâillant la porte.

Patron, c'est moi...

* Annette, Chapolard, Tourteau.

CHAPOLARD.

Tourteau!... Toi ici!...

TOURTEAU, entrant.

Oui, je vous ai demandé au garçon... Il m'a dit au 8... et alors...

CHAPOLARD.

Qu'est-ce que tu veux?

TOURTEAU.

Je viens vous raconter la pièce.

CHAPOLARD.

Plus tard!... après le spectacle... Tu me diras tout ça en bloc...

TOURTEAU.

En bloc!... Ah! non... j'ai si peu de mémoire... je préfère vous narrer la chose par à-comptes...

ANNETTE.

Ah! oui, monsieur, contez-nous le commencement...

TOURTEAU, à part.

Elle est gentille la conquête du patron... (Haut.) Voilà... Au premier acte, on est chez le prince de Monaco... (S'interrompant.) Mais non, au premier acte, il ne se passe rien...

CHAPOLARD.

Alors, passons!...

TOURTEAU.

Passons!... (Reprenant son récit.) Au second acte...

ANNETTE.

Comment!... il y a deux actes de joués?...

TOURTEAU.

Oui, le second vient de finir...

ANNETTE.

Déjà!...

TOURTEAU, continuant.

Au second acte, c'est le Crapaud-Volant.

CHAPOLARD.

Le Crapaud-Volant?...

TOURTEAU.

Une brasserie, où se fabrique le *Radical* de Monaco... parce qu'il faut vous dire qu'on est en pleine révolution...

ANNETTE.

Ah!...

CHAPOLARD.

Comment! à Monaco aussi ?

TOURTEAU.

A Monaco aussi !... Rabagas, qui a fait acquitter un gredin, un premier prix de cour d'assises, est porté en triomphe par ses amis.

CHAPOLARD.

Comme à la descente de la Courtille!

TOURTEAU.

Alors, arrive l'Anglaise....

CHAPOLARD.

Quelle Anglaise ?...

TOURTEAU.

L'Anglaise du premier acte... l'amie du prince... qui a promis de tout arranger en douceur.

CHAPOLARD.

Ah ! très-bien ! (A part.) Si j'y comprends un mot...

TOURTEAU.

Elle propose à Rabagas de plaider pour ses dentelles.

ANNETTE.

Ses dentelles?

CHAPOLARD.

Quelles dentelles ?

TOURTEAU.

Eh bien ! ses dentelles qu'on a saisies à la douane...

CHAPOLARD, feignant de comprendre.

Ah!... (A part.) Je n'y suis pas du tout !

TOURTEAU.

Rabagas lui dit : « Les dentelles, c'est pas ma partie... je ne » tiens que la politique. — Mais, dit l'Anglaise, mes guipures » étaient enveloppées dans des numéros du *Rappel*. — Oh! » alors, je plaiderai! Où logez-vous? — Grande rue de Mo- » naco, 22, chez le prince. — On veut m'entortiller! » s'écrie Rabagas.

ANNETTE.

Et ensuite ?

CHAPOLARD.

Abrége !

TOURTEAU.

En ce moment arrive pour Rabagas une invitation au concert de la cour : « Tu n'iras pas, lui disent ses amis. — Si fait, répond Rabagas. — Mais il faut mettre une culotte. — Eh bien ! après ?

AIR : *Nous nous marierons dimanche.*

> Non, tu n'iras pas !
> Qui ? toi, Rabagas,
» Endosser une culotte ?
» Ça s'rait trop violent !
> Au Crapaud-Volant,
» C' n'est qu' les pip's que l'on culotte.
» Ça n'a pas d' sens!
> Est-ce qu'un sans
    -Culotte
» Chez un tyran
» Peut se mettre en
    Culotte ?... »
Bref, le plus subtil
Se dit : « Mettra-t-il
» Ou ne mettra-t-il pas de culotte ?... »

CHAPOLARD.

Ça suffit !... dépêche-toi de retourner à ta place.

TOURTEAU, se méprenant.

Merci, patron, je ne prendrai pas de glace... c'est un peu froid.

CHAPOLARD.

Je te dis de retourner à ta place, à l'orchestre.

TOURTEAU.

Mais, patron, puisqu'on est dans l'entr'acte !

CHAPOLARD.

N'importe, on pourrait te la prendre, et alors, tu perdrais le fil.

TOURTEAU.

C'est bon, je m'en vas.

CHAPOLARD.

Bonsoir !

TOURTEAU.

Bonsoir, patron!... Salut, mamzelle! (A part.) Elle est très-gentille, la conquête du patron !

Il sort, en bousculant Auguste, qui revient avec un perdreau sur un plat; le perdreau roule à terre.

SCÈNE VIII

ANNETTE, CHAPOLARD, AUGUSTE.

AUGUSTE, à Tourteau qui sort.

Prenez donc garde !

Il ramasse le perdreau, l'essuie, le remet sur le plat, puis le met sur la table en disant tranquillement :

Le perdreau truffé.

ANNETTE.

Encore des truffes !

CHAPOLARD, à part.

C'est exprès! (Haut.) Oui, les truffes, c'est très-rafraîchissant.

ANNETTE.

Je ne les aime pas.

CHAPOLARD, lui en mettant sur son assiette.

C'est égal, mangez !... (A Auguste en lui faisant signe de sortir.) Et vous, garçon, vous savez ?...

AUGUSTE, bas.

Tousser avant d'entrer !... Bien, monsieur !... (A part.) Les voyageurs pour Cythère en voiture !...

Il sort.

CHAPOLARD, prenant une bouteille.

Maintenant, du champagne !

ANNETTE, retirant son verre.

Oh ! non, merci... ça m'étourdirait.

CHAPOLARD.

Bah ! c'est un vin de demoiselle !

ANNETTE.

Rien qu'un verre.

CHAPOLARD, versant et à part.

Une idée !... si je mettais tout doucement le verrou...

Il se lève et se dirige vers la porte qui s'ouvre brusquement. Bruit de voix au dehors; Auguste reparaît en cherchant à empêcher trois dames d'entrer.

SCÈNE IX

LES MÊMES, GRENADINE, FLORA, CITRONETTE.

AUGUSTE, au fond.

Mais, mesdames, ce cabinet est occupé !

GRENADINE, le repoussant.

Ça m'est bien égal !

Les trois dames entrent.

CHAPOLARD.

Qu'est-ce que c'est que ça ?

FLORA.

Il n'y a pas de place ailleurs !...

CITRONETTE.

Toutes les tables sont prises !

Elles font irruption dans le cabinet.

CHAPOLARD, à part.

Un déballage de cocottes ! (Aux dames.) Permettez...

GRENADINE, sans l'écouter.

Garçon !... trois bocks !...

FLORA.

Bière Fanta !...

GRENADINE *.

Et pas de faux cols, surtout !

CITRONETTE.

Vivement, mon petit... j'ai la pépie !

* Chapolard, Annette, Auguste, Grenadine, Flora, Citronette.

AUGUSTE, à part.

Ma foi, qu'ils s'arrangent ! (Criant.) Trois bocks au 8 ! Voilà !...

Il sort.

CHAPOLARD.

Pardon, mesdames, ce cabinet est à moi, et...

GRENADINE.

Oh ! monsieur, vous êtes trop galant pour refuser l'hospitali é à des demoiselles qui ont soif...

ANNETTE.

Certainement, mesdames !...

CHAPOLARD.

Hein ?

ANNETTE.

D'ailleurs, nous allons partir.

CHAPOLARD, se récriant.

Mais non... mais non... pas encore !... et je prie au contraire ces dames de vouloir bien...

GRENADINE, en leur désignant Chapolard.

Ah ! Flora, ah ! Citronette, voyez donc !...

CHAPOLARD.

Quoi ?

GRENADINE.

Ah ! c'est étonnant !

CHAPOLARD, à part.

Qu'est-ce qu'elle a ?

GRENADINE.

Monsieur ressemble d'une manière frappante...

CHAPOLARD, s'approchant *.

A qui ?

GRENADINE.

A Lafont.

CITRONETTE et FLORA.

A Lafont ?

GRENADINE.

Qui joue le prince de Monaco.

* Annette, Chapolard, Grenadine, Flora, Citronette.

FLORA, regardant Chapolard.

Tiens, c'est vrai !

CHAPOLARD, flatté.

On me l'a déjà dit.

FLORA.

Mais en mieux.

CITRONETTE.

En beaucoup mieux.

GRENADINE.

Plus de finesse... plus de distinction dans les traits.

CHAPOLARD, à part.

Elles sont très-aimables !... et si je n'étais pas occupé...

ANNETTE.

Asseyez-vous, mesdames...

FLORA, refusant.

Oh ! merci !

CITRONETTE.

Je suis lasse d'être assise.

GRENADINE.

J'en ai les jambes qui me picotent. Ah ! quelle pièce !...
(A Chapolard.) Vous connaissez *Rabagas* ?

CHAPOLARD.

Non.

ANNETTE.

Pas encore.

GRENADINE.

Tant mieux pour vous ! ça n'est pas drôle !

CITRONETTE, se mettant au piano.

Ça manque d'Offenbach !

Elle joue l'air des Bottes, des *Brigands*.

CHAPOLARD, chantant.

Ce sont les bottes, les bottes... (Parlé.) Tiens ! ils ont mis ça
dans *Rabagas* ?

FLORA.

Ma foi, je ne suis pas de l'avis de Grenadine... je trouve ça
très-intéressant... Il y a de jolies toilettes...

CITRONETTE.

Les robes d'Antonine ?

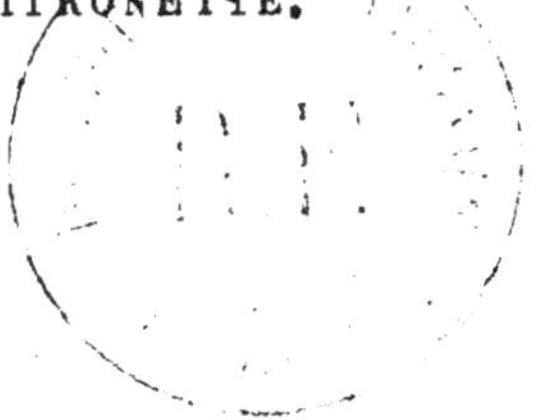

GRENADINE.

Oui, elles ne sont pas mal... Mais trop de politique à la clef, mes enfants, trop de politique !

LES DEUX AUTRES.

Ah ! oui, trop de politique !

Citronette joue l'air : *Partant pour la Syrie.*

GRENADINE.

On se croirait à une conférence... moi, la politique, ça m'ennuie !...

AUGUSTE, reparaissant avec un plateau.

Les bocks demandés !

FLORA et CITRONETTE.

Ah !

GRENADINE, indiquant la table.

Posez ça ici !

Auguste met le plateau sur la table.

CHAPOLARD, très-contrarié.

Sur ma table !

GRENADINE.

Dame ! à moins de les prendre sur le pouce, comme des cochers ! (A Annette.) Vous permettez, ma petite ?

ANNETTE.

Avec plaisir !

CHAPOLARD, à part.

Quelles gêneuses !

Auguste sort.

GRENADINE, prenant un des bocks.

AIR du *Sire de Fisch-ton-Kan.*

Allons, buvons, mesdemoiselles !
Se rafraîchir
Est un plaisir !

FLORA et CITRONETTE, prenant les deux autres bocks.

Un plaisir !

GRENADINE.

Après ces deux heures mortelles,
On a besoin de s' dégourdir.

LES DEUX AUTRES.

S' dégourdir.

Elles boivent.

CITRONETTE.

Dans les entr'act's, c'est véridique,
Un bock ne fait jamais de mal.

LES DEUX AUTRES.

Jamais d' mal !

FLORA.

D'abord, ça rafraîchit l' physique...

GRENADINE.

Et puis, ça réchauff' le moral.

LES DEUX AUTRES.

Oui, le moral !

GRENADINE.

Vive le plaisir !
A loisir
Vidons notre verre !
Dégustons
Et savourons
La bièr' de Bavière !

ENSEMBLE.

Viv' le plaisir !
A loisir
Vidons notre verre !
Oui, buvons,
Et sans façons
Gaîment ici chantons !

GRENADINE.

Et bombance et folie !
Tin, tin, tin, tin, tin, tin !
De cette brasserie
C'est le joyeux refrain !

ENSEMBLE, en dansant sur place.

Et bombance et folie,
Etc.

Chapolard danse avec elles.

SCÈNE X

LES MÊMES, TOURTEAU.

TOURTEAU, accourant*.

Patron!... patron!... Eh bien! dites donc, patron, vous la faites bonne!

CHAPOLARD.

Encore toi?...

TOURTEAU.

Dites donc, il y a du chabanais dans la salle.

LES FEMMES.

Du chabanais?

GRENADINE.

Enfin! on va s'amuser!.

CHAPOLARD.

Qu'est-ce que ça me fait?...

TOURTEAU.

Vous m'avez dit de vous rendre compte...

CHAPOLARD.

Tu m'ennuies!... Va-t'en!... et laisse-moi tranquille!...

Grand bruit en dehors.

SCÈNE XI

LES MÊMES, AUGUSTE, puis MADAME CHAPOLARD.

AUGUSTE, au fond.

Par ici!. . par ici!...

CHAPOLARD.

Qu'y a-t-il?...

* Annette, Grenadine, Chapolard, Tourteau, Flora, Citronette.

AUGUSTE.

C'est une dame qui a une attaque de nerfs!...

TOUS.

Une attaque de nerfs!...

Deux garçons entrent, sou·enant madame Chapolard, qu'ils posent sur le canapé.

GRENADINE, tendant un flacon*.

Tenez, faites-lui respirer mon flacon.

ANNETTE, le prenant.

Oui... oui, donnez !...

Elle s'approche de madame Chapolard, et lui met le flacon sous le nez. — Tout
le monde l'entoure.

CHAPOLARD, qui est resté sur le devant, à part.

Une épileptique à présent ! Comme c'est agréable !

GRENADINE.

Ah ! la voilà qui rouvre un œil !

CHAPOLARD.

Alors, je vais la prier de... (S'approchant de madame Chapolard.)
Madame... (Stupéfait.) Ciel!...

TOURTEAU, la reconnaissant.

La patronne!...

CHAPOLARD.

Ma femme !...

TOUS.

Sa femme !...

ANNETTE, effrayée.

Ah! mon Dieu! Sauvons-nous!

Elle remonte.

TOURTEAU, bas à Annette.

Venez!... Suivez-moi!

GRENADINE, aux deux autres femmes.

Et nous, à notre avant-scène!

ENSEMBLE
AIR du *Duc d'Olonne*.

C'est une querelle
Entre deux époux;

* Tourteau, Annette, madame Chapolard, Grenadine, Chapolard, Flora,
Citronette.

Évitons la grêle,
Vite, éloignons-nous!

Tout le monde s'éloigne par le fond. — Chapolard va pour s'esquiver; mais
madame Chapolard, qui a repris ses sens pendant le chœur, l'arrête par le
bras.

SCÈNE XII

MADAME CHAPOLARD, CHAPOLARD, puis AUGUSTE.

MADAME CHAPOLARD.

Demeurez, Ernest

CHAPOLARD, à part.

Pincé!

MADAME CHAPOLARD.

Vous ici?... dans ce restaurant?

CHAPOLARD, balbutiant.

Oui... je... j'étais venu prendre une chope, dans un entr'acte.
Mais toi, Emmeline... par quel hasard?

MADAME CHAPOLARD.

Moi aussi, j'ai voulu voir *Rabagas*... j'ai pris un fauteuil...
mais je vous ai vainement cherché dans la salle...

CHAPOLARD.

Oh! il y a tant de monde!

MADAME CHAPOLARD.

Ah! que d'émotions! J'avais devant moi un escogriffe... il sif-
flait... Deux fois je l'ai prié de se taire... «Monsieur, lui ai-je dit,
» j'ai payé pour entendre la pièce, et vous m'empêchez d'en sa-
» vourer les beautés... Si ça n'est pas votre opinion, allez-vous-
» en! je ne m'y oppose pas... » Savez-vous ce qu'il m'a ré-
pondu?

CHAPOLARD.

Quoi donc?

MADAME CHAPOLARD.

Il m'a dit: Zut!

CHAPOLARD.

Malotru!

MADAME CHAPOLARD *.

Saisie d'indignation, je lui ai flanqué un soufflet... oh! mais un soufflet... aux pommes!

CHAPOLARD.

Tu l'as giflé?

MADAME CHAPOLARD.

Parfaitement! Mais toutes ces émotions m'ont brisée... je suis si nerveuse... si impressionnable!...

Elle passe à droite.

CHAPOLARD.

Une sensitive!

MADAME CHAPOLARD.

J'ai perdu connaissance... et vous savez le reste.

AUGUSTE, entrant **.

Voici l'addition.

MADAME CHAPOLARD, s'en emparant.

Comment? quelle addition?

CHAPOLARD, à part.

Aïe! je suis pris!

MADAME CHAPOLARD, lisant.

Potage à la reine... Filet aux truffes... (A Chapolard.) Mais vous avez donc diné?

CHAPOLARD, interdit.

Moi?

MADAME CHAPOLARD, apercevant la table.

Cette table!... ces deux couverts! (Voyant le chapeau d'Annette qui est resté sur le piano.) et ce chapeau féminin... Plus de doute!... vous étiez ici en partie fine!...

AUGUSTE, à part.

Elle a du flair!

MADAME CHAPOLARD ***.

Voilà donc comme vous allez voir *Rabagas?*

CHAPOLARD.

Chère amie, je te jure...

* Chapolard, madame Chapolard.
** Chapolard, Auguste, madame Chapolard.
*** Chapolard, madame Chapolard, Tartarin, Auguste.

MADAME CHAPOLARD.

Taisez-vous, Sardanapale !

CHAPOLARD.

Mais...

MADAME CHAPOLARD.

Diner avec une péronnelle !... un homme marié !... un commerçant !...

Elle passe à gauche.

AUGUSTE, à part, en desservant la table.

Sapristi ! j'ai fait un impair !

MADAME CHAPOLARD, jetant les yeux sur la carte à payer.

Total : trente-cinq francs ! (Avec exaspération.) Trente-cinq francs! quelle horreur !

AUGUSTE.

Il y a aussi les trois bocks...

MADAME CHAPOLARD.

Les trois bocks!...

CHAPOLARD.

Quels trois bocks ?

AUGUSTE.

Les bocks que les trois petites dames ont consommés ici.

MADAME CHAPOLARD, bondissant.

Des cocottes !... Tout un sérail!...

CHAPOLARD.

Mais je ne connais pas ces demoiselles!...

AUGUSTE.

Ça ne me regarde pas!... Elles ont filé sans payer, vous êtes responsable.

CHAPOLARD.

C'est un peu fort !

MADAME CHAPOLARD, superbe d'ironie.

Allons, payez, monsieur Chapolard, payez vos débordements

Chapolard donne de l'argent à Auguste.

SCÈNE XIII

LES MÊMES, TARTARIN.

TARTARIN, entrant et se tenant la joue; il a un œil poché. A part.

Sont-ils tannants, avec leurs ovations ! par bonheur j'ai pu m'esquiver...

Auguste sort.

MADAME CHAPOLARD, l'apercevant et à part.

Tiens, mon escogriffe !

TARTARIN, la reconnaissant.

Ma giffleuse ! (A madame Chapolard.) Ah ! c'est vous, la dame à la giroflée ?...

MADAME CHAPOLARD.

Eh bien, quoi, vous siffliez... j'ai voulu vous applaudir...

TARTARIN.

Sur ma joue !... vous appelez ça applaudir ? excusez ! Ah ! si vous n'étiez pas une femme libre !

MADAME CHAPOLARD, choquée.

Une femme libre ?

CHAPOLARD, à Tartarin.

Qu'entendez-vous par là ?

MADAME CHAPOLARD.

Je suis mariée, malhonnête ! et voici mon mari.

TARTARIN.

Votre mari ?

CHAPOLARD, d'un air crâne, allant à Tartarin.

Oui, monsieur, son mari.

TARTARIN*.

Citoyen, votre femme m'a giffflé... c'est à vous, son éditeur responsable, de m'en rendre raison.

CHAPOLARD.

Permettez... nous sommes mariés sous le régime de la séparation de biens...

TARTARIN.

Ça m'est égal, nous nous battrons !

CHAPOLARD.

Un duel ?...

MADAME CHAPOLARD.

C'est bien fait ! vous n'avez que ce que vous méritez !

SCÈNE XIV

LES MÊMES, UNE FOULE DE SPECTATEURS.

LES SPECTATEURS, entrant.

Le voilà, le voilà, c'est lui !

TARTARIN, à part.

Ils ont retrouvé ma piste !... sont-iis tannants !... (Haut et donnant d s poignées de main.) Merci, mes amis, merci... Je suis un pur, un vrai ! vous êtes des vrais, des purs !... Nous nous comprenons...

TOUS, criant.

A la tribune !

TARTARIN.

La tribune ? où ça ?

UN SPECTATEUR.

Sur la table !

On le hisse sur la table.

TARTARIN, à part.

Ils sont enragés !

CHAPOLARD, qui avait posé son chapeau sur la table.

Sapristi ! il écrase mon chapeau !... (A sa femme.) Allons-nous-en...

MADAME CHAPOLARD.

Non pas ! il m'amuse !

TARTARIN, sur la table.

Citoyens, je suis touché, vivement touché de vos félicitations. J'ai reçu une giffle, mais qu'est-ce qu'une giffle ? c'est la confirmation de nos principes ! (Applaudissements frénétiques.) J'ai toujours été de l'opposition, parce que, comme dit Rabagas, l'opposition, c'est une carrière...

CHAPOLARD, à part.

D'Amérique ?

LES SPECTATEURS, applaudissant.

Bravo, bravo !

Tartarin descend ; au même instant, un inspecteur entre, suivi par les garçons.

SCÈNE XV

LES MÊMES, L'INSPECTEUR, LES DAMES, LES GARÇONS, puis ANNETTE et TOURTEAU.

L'INSPECTEUR.

Où est-il , où est-il, celui qui a tant sifflé ?

TARTARIN, à part.

Un inspecteur! c'est le moment de faire le plongeon!

Il se cache sous la table.

GRENADINE, entrant avec les deux autres femmes.

Oh! mesdames, une arrestation!... On va rigoler!

L'INSPECTEUR, avisant Chapolard.

Ah! le voilà! je le reconnais! (Il va à lui.) Vous avez sifflé!

CHAPOLARD, ahuri.

Moi? j'ai sifflé?... Où ça?

L'INSPECTEUR.

A Rabagas.

CHAPOLARD.

Mais je n'y étais pas!

L'INSPECTEUR.

Mensonge! vous vous expliquerez au poste!

CHAPOLARD.

Au poste!

TARTARIN, à part, reparaissant.

Je suis sauvé!

CHAPOLARD, à lui-même.

35 francs de dîner!... 10 francs de fauteuil!... le violon et un duel en perspective... Ah! il m'en souviendra de l'entr'acte de *Rabagas!*...

ANNETTE, rentrant avec Tourteau.

Mon chapeau que j'oubliais...

TOURTEAU, le lui donnant.

Le voici... je vais vous reconduire, mamzelle...

ANNETTE, très-gracieuse.

Avec plaisir, monsieur Tourteau.

TARTARIN, aux trois femmes, qui sont dans le coin, à droite.

Est-ce que j'aurai l'honneur, après le spectacle, de saluer ces dames à *la Tartine?*

GRENADINE.

Merci, mon cher, je suis attendue chez Porret.

TARTARIN, aux deux autres.

Et vous, belles dames?

FLORA.

Nous soupons chez Frontin.

TARTARIN.

J'aurai l'honneur de m'y rendre.

CITRONETTE.

En bas... vous savez ?...

On entend a sonnette annonçant la fin de l'ait ot.

AUGUSTE.

Ah! on sonne pour le troisième acte!...

MADAME CHAPOLARD.

Je retourne applaudir!...

TARTARIN, à part.

Et moi siffler.

AUGUSTE, bas à Tartarin.

Chut!.. vous êtes brûlé comme garçon!

TARTARIN.

Ah! fichtre!...

AUGUSTE, bas.

Mais on vous offre ce billet de faveur...

TARTARIN.

A moi?

AUGUSTE, de même.

Et la place de sous-chef de la claque, si...

TARTARIN, avec indignation.

On cherche à m'acheter! (Changeant de ton.) J'accepte. (Il prend le billet.)

L'INSPECTEUR, à Chapolard.

Allons, marchons!...

CHAPOLARD, suppliant.

Emmeline! chère amie!... Viens avec moi pour témoigner de mon innocence!...

MADAME CHAPOLARD.

Allons donc, monsieur!... Et le troisième acte?

CHAPOLARD.

Et toi, Tourteau?

TOURTEAU.

Moi, patron, je ne peux pas... j'ai mademoiselle à reconduire.

CHAPOLARD, à part.

Il me souffle ma conquête!... c'est le bouquet!

CHŒUR

Air : *Vaudeville de la Revue en ville.*

Partons! (*bis.*)
Vite, sortons !
Que l'on se presse!
Enfin la pièce
Va r'commencer;
Il faut penser (*bis.*)
A se placer !

TARTARIN, s'approchant de la rampe.

Comm' chef de claqu', fidèle à mon devoir,
Vous me verrez demain, dans le parterre,
Donner l' signal d'applaudir; mais, ce soir,
Je me r'commande encore à mon confrère !

CHŒUR.

Partons! (*bis.*)
etc., etc.

FIN

CLICHY. — Impr. Paul Dupont et C¹⁰, rue du Bac-d'Asnières, 12.